AF293261

Laub, Läsion und Licht
Gedichte

Christoph Sebastian Widdau

Bibliografische Information der Deutschen Nationalbibliothek: Die Deutsche Nationalbibliothek verzeichnet diese Publikation in der Deutschen Nationalbibliografie; detaillierte bibliografische Daten sind im Internet über dnb.dnb.de abrufbar.

Herstellung und Verlag:
BoD – Books on Demand, Norderstedt

ISBN: 9783750497474

Für Juanita und Ricardo

Inhalt

Scheiding

Laublichtspiel, Septemberkehre
Wunschgestalter, Waldschlafs Schwere
Nistet sich im Traumbild ein
Schleppt sich knisternd, Bein um Bein
Blick empor, der Äste Leere

Septemberkehre, Laublichtspiel
Begehrtes aus Gezweig sacht fiel
Nistest dich im Traumbild ein
Laubdurchblätternd, Abbild dein
Blick empor, des Drangs Exil

Feldfruchtsehnen

Dann bette dich, Schmiegsuchende
In Halmgemenge, das ich schlug
In Ohnmachtskraft, für dich

Schlug, weil
Zwischen den Traumschwaden
Dein Wunsch nicht geerntet wird

Schlug, weil
Das Feldfruchtsehnen
Dich windfangend am Weg belässt

Schlug, weil
Ich dir nicht der sein kann
Den du Erntehelfer taufst

Heimspukreise

Als ob mir gilt
Des Kehlchens Ruf
An dieser Wucherschneise

Als ob mir gilt
Des Zweiges Bruch
Am Holzjahresgekreise

Als ob mir gilt
Der Blüten Duft
Am Schmetterlingsgeleise

Als ob mir gilt
Des Tales Schlucht
Zu spalten Wintereise

Als ob mir gilt
Was niemand schuf
Auf dieser Heimspukreise

Laub, Läsion und Licht

Laub, Läsion und Licht, mein Gast
In deiner letzten Stunde
Der Mond sich durch die Wolken bricht
Dein Wort in seinem Munde

Licht, Läsion und Laub, mein Freund
In deiner Todeskunde
Die Eule blickt dich garstig an
Spinkst auf die Krisenwunde

Läsionlaublicht, mein lieber Wer
In deinem Herzblutgrunde
Der Schnee wird fluten dein Gesicht
Und ihr Antlitz im Bunde

Gefach

In dem Gefach schichtest du
Silbe auf Bildnis, Bildnis auf Silbe
Was wir waren, Aufgeschobenes
Und Zugeschüttetes und
Der Filz hält nicht mehr, Jahre
Sodass du kratzt mit uns Verlegten
Und Zugeschütteten und
Schiebe uns, Aufgeschobene
Über dem Parkett, den wer
Verlegt hatte, so wie dein Bild
Mein als Zugeschüttetes

Die Weihende

Umspielst, Spitzbübin, Reuekunde
Wildfangend, lebensklug
An deinem vielfach spitzen Munde
Der weihend uns umschlug

Dass ich kein armer Sünder bin
Schwörst du mir, Stein und Bein
Mit deinem Bein umschlägst du Sinn
Verschüttest Milch und Wein

Dass deine Weisheit lustvoll ist
Ist meines Beichtstuhls Segen
Dass du mir lustvoll Weisheit bist
Um mein Begier zu hegen

Das Jungfrauenmärchen

Aus dem Waldhüttenauge
Lugt eine Starrpupille
Schnappkiemend am Fensterladen
Um ihr etwas zu zerlegen

Der Fisch ihr auseinandernimmt
Dass sie damit entweder
Praktisch nichts erreicht oder
Fast nichts, so bleibe doch!

Den Hut des Fisches nehmend
Als ihren dann ziehend
Macht sie sich auf in Stiefeln
Um Holz zu hacken, Jungfrau

Feuerfang

Einlassende mit den entglühten Wangen
Im Gestöhne getakteter Laken
Entschlugst du dich der Feuersbrunst
Am wundgeschnitzten Sekretär

Mit dem Lineal ein Strich durchzogen
In einer Tageskladde, die du tauschtest
Gegen die Tagesstrazze, in der fehlt
Ein Name zwischen Soll und Haben

Des Geheimschreibers Feuerfang
Dem du entkamst und nicht entgingst
Einlassende mit den entglühten Wangen
Mit dem Streichholz Striche ziehend

Entfremdung

Der Lippenschläge Wandeltakt
Dich zu erschöpfen an mir
An der Zungenöffnung, blicklos
Mich zu entsagen an dir
Als Marionetten einer Gewalt
Zwangsmacht, willkommen
Die dich entfremdet und mich
Als Werke, wenn wir einander
Unbedacht überlassen, namenlos
Auf einem Untergrund und
Unter einem Himmel

Sein Scheiden

Sein Scheiden ging dem Weg voran
Auf dem sie sinnend schreitet
Ein Regenfluss ergießt sich nicht
Ein Windhauch zart begleitet

Sein Scheiden ging dem Weg voran
Auf dem sie sacht sich sammelt
Ein Ruf aus weiter Ferne schallt
Das Ausfallstor verrammelt

Sein Scheiden ging dem Weg voran
Auf dem sie wiederfindet
Was sie, kraftsehnend, immer ist
Der Weg als Weg verschwindet

Anvertrauen

Je älter die Silbenfolge
Desto fester der Glaube
Dass ihre Bedeutung
Keinen Unsinn kreuzt

Reisebericht

Am Hofe kündend peitscht ein Wind
Entlang an gleißend Gleisen
Um dein Gesicht zuletzt zu sehen
Des bangen Abschieds Reisen

Die Röte glüht im Schwarz empor
Ins Grüne sich dann wandelt
Ein Aufruf schallt über das Grau
Damit der Gast auch handelt

Im raschen Zuge rast die Bahn
Entlang an Waldrandbäumen
Im Glas ein schwarzes Auge bricht
Die Rückfahrt zu versäumen

Wenn wir einander wagen

Wenn wir einander wagen
Wir Kellerlichtspielkinder
Wenn nachts die Silben tagen
Wo Kerzenschein verglimmt

Wenn wir einander tasten
Wir Schöpfungsruhefinder
Wenn schmiegsam Lider rasten
Wo Mondeslicht sacht dimmt

Schicksal

Begleiterin bist du mir
Wie Gedanken selbst

An der Rue de la
An Halbinselkiefern
An dem Ampelgewirr
An dem verwunschenen Spiegelschrank
Als morgendlicher Ruf
Und im Waldbrandschaum

Während ich dir
Nicht einmal dadurch Gast werde
Dass du mich einlädst

Bastelstunde

Pappenwunder an meinen Fingerspitzen
Das ich drehe und wende, bis der Kleber
Zusammenstückt, was dies und jenes war
Und jenes und dies werde

Mit dem Papierfetzen an der einen
Der Muschel an der anderen Kante
Der Strickweste, die ich ihm nähte
Gelingt ein wirres Stück

Bevor ich lichtdimmend und
Den Raum verlassend und
Süße Träume wünschend, tränennass
Einen lösenden Namen spende

Ochsenblut und Ocker

In der zweiten Nacht deines Todes
Schlafe ich in deiner Kammer
Unter dem Wandgemälde
Das aus deinen Fingern goss
Ochsenblut und Ocker

Ohne Gedenken der Traumguss
Der meine Nachtruhe rahmt
Bis die Tür knarrt, Windstoß
Ochsenblut und Ocker
Zum dritten Tage deines Todes

So zähle ich
Ochsenblut und Ocker
Denn solange ich zähle
Gedenke ich nicht

Esse est percipi

Dein Sein, mein Lieb
In allen Dingen
Des Blätterwerkes
Mondscheinsingen

Dein Sein, mein Lieb
Im Schattenspiel
Des Birkenwehens
Blätterstiel

Dein Sein, mein Lieb
In Wanderwellen
Des Meeresausbruchs
Schlagesstellen

Dein Sein, mein Lieb
In meinem Bilde
Des Augenscheines
Lebensmilde

Die Überführung

Die Überführung seiner Gebeine
Schaue dir nur einmal
Über das schaukelnde Meer
All die Massen und Letter
Auch der Präsident grüßt
Wurde erhoben zum Fest

Der Seetransport einer Kostbarkeit
Ein museales Ereignis, Schatz
Auf diesem Breitengrad
All die Absperrbänder und Ballons
Schreiende Söhne und Töchter
Für eine Sammlung Knochen

Maschen

Die feine Masche
Die du fertigtest
Um uns zu verschlingen

Koche ich in Marmelade
Die dir nicht mundet
Für die Außerhausverkostung

Der Fund

Waldrandblütenlichtweg
An dem er sie bettet
Strähnenentwirrend
Läppchenzärtelnd, Liebreiz

Dass er schneller sei mit dem Rad
Ruft er zulachend ins Nichts
Um in die Pedale zu treten
Und am Raps zu genesen

In meiner Heimat nur

Meine Zeichenketten
Geknüpft für dich
Hängen wiegend im Hauch

An einer Leine im Gehölz
Straff gespannte Bindung
Von Ast zu Ast, Blattwerk

Als das Rehkitz flüchtete
Und das Eichhörnchen schlief
Trug ich den Silbenkorb

So flüstert das Verhängte
Seiend und nicht seiend
In meiner Heimat nur

Hornung

Bastardwerdung, Silbenmischling
Reinige dich, schlachtend, Frischling
Leibesmutter, Leibesvater
Knotenkopf am Zangenkrater
Endpunkt bildend, Anfangsschmerz
Verpocht des Abliebenden Herz